Till Eulenspiegel

Geschichten in Einfacher Sprache

Spaß am Lesen Verlag
www.einfachebuecher.de

Text Originalfassung: Marian Hoefnagel
Verlag Originalfassung: © 2014 Eenvoudig Communiceren

Übersetzung und Bearbeitung: Frederike Zindler
Redaktion und Gestaltung: Spaß am Lesen Verlag
Umschlagabbildung: Shutterstock

ISBN 978-3-947185-90-0

Marian Hoefnagel

Till Eulenspiegel

Geschichten in Einfacher Sprache

Schwierige Wörter oder Ausdrücke sind unterstrichen. Die Erklärungen stehen in der Wörterliste am Ende des Buches.

Inhalt

Über dieses Buch | 7

Die frühe Jugend von Till | 9
Kindheit | 12
Till und Nele | 15
Till holt Brot | 18
Die drei Versprechen | 20
Seiltanzen | 23
Der lesende Esel | 26
Till heilt Schwerkranke | 32
Till als Koch | 35
Till verliert seine Eule | 39
Till fliegt | 42
Till backt Eulen und Meerkatzen | 44
Till als Maler | 47
Die Katze im Sack | 53
Die zwölf Blinden | 56
Wie Till ein Kind heilt | 60
Das gestohlene Schwein | 63
Der Tod von Till Eulenspiegel | 66

Wörter-Liste | 69

Über dieses Buch

Till Eulenspiegel ist ein Mann ohne festes Zuhause.
Er reist durch das Land und besucht
viele Städte und Dörfer.
Dabei spielt er eine Menge Streiche.
Er ist ein Scherzbold und ein Betrüger.
Und er versucht, sich sein Geld
ohne harte Arbeit zu verdienen.
Er treibt seine Scherze mit allen Leuten,
denen er begegnet.
Egal, ob reich oder arm.
Und er betrügt sogar Menschen
mit einer Behinderung.

Der Name Eulenspiegel hat übrigens
nichts mit Eulen zu tun.
„Eulen" kommt von dem plattdeutschen Wort
„ulen". Das bedeutet „fegen" oder „wischen".
Und „Spiegel" nennen Jäger das Hinterteil
von einem Reh oder Hirsch.
Der Name bedeutet also eigentlich
so etwas wie „Wisch mir den Hintern!"

Es gibt viele verschiedene Bücher
über Till Eulenspiegel.
Die ersten Geschichten über Till Eulenspiegel
wurden um das Jahr 1500 geschrieben.

Das älteste Buch ist von Hermann Bote.
Bote wurde 1467 in der Nähe
von Braunschweig geboren.

Ob Till Eulenspiegel wirklich gelebt hat?
Das weiß man nicht so genau.
Einige sagen, dass Hermann Bote sich
den Narren nur ausgedacht hat.
Andere glauben, dass es um 1300 wirklich
einen Mann mit dem Namen Eulenspiegel gab.
Und dass Eulenspiegel Leute betrogen hat.
In der Stadt Mölln gibt es ein Grab.
Darauf steht, dass Eulenspiegel dort 1350
begraben wurde. Aber ob das Grab echt ist …?

In manchen Büchern ist Till Eulenspiegel
ein Kämpfer für die Freiheit.
Oder jemand, der die Gesellschaft kritisiert.
In diesem Buch ist Till Eulenspiegel einfach
ein schlauer Narr und Betrüger aus früherer Zeit.

Für dieses Buch wurden die 18 bekanntesten
Geschichten über ihn ausgesucht.
Insgesamt gibt es mehr als 100 Geschichten.
Es sind Geschichten, die immer auch
(ein bisschen) lustig sind.
Und das kann man wahrhaftig nicht
über alle Geschichten sagen!

Die frühe Jugend von Till

Es donnert und blitzt, und es regnet wie aus Kübeln.
Das kleine Haus vom Holzfäller Claus erzittert
bei jedem Donnergrollen.
Anna, die Frau von Claus,
sieht ängstlich zur Hebamme.
Schon wieder ein heller Lichtblitz, ein lauter Donner.

„Ein Junge“, ruft die Hebamme plötzlich.
„Claus, es ist ein Junge!“

„Ein Glück“, sagt Claus erleichtert.
„Ich wollte ja auch einen Jungen.“

Genau in diesem Moment hört das Unwetter auf.
Die Sonne kommt hinter den Wolken hervor.

„Er wird ein Glückspilz sein, Anna“,
sagt die Hebamme. „Er hat das Unwetter verjagt.
Der Himmel wird ihn beschützen.“

Als der kleine Junge in den Armen
von seiner Mutter liegt, hören sie jemanden husten.
Am Eingang der Hütte steht die Hexe aus dem Wald.
Sie stützt sich auf ihren Stock und betrachtet
das neue Kind mit funkelnden Augen.
Anna hat Angst vor der Hexe.

Trotzdem fragt sie: „Was meinen Sie?
Wird er ein glückliches Kind sein?"

Die Hexe streckt die Hand aus.
Claus legt schnell eine Münze hinein.

„Der Geist dieses Kindes wird nie sterben",
sagt die Hexe dann.
„Er wird den guten Menschen helfen.
Und die bösen Menschen wird er betrügen.
So soll es sein."

Dann humpelt die Hexe aus der Hütte
und in den Wald hinein.

„Wie meint sie das?", fragt Claus.
„Ich habe sie auch nicht verstanden",
antwortet Anna.
Aber da fängt das Baby an zu weinen.
Und so haben sie die Worte der Hexe
schnell wieder vergessen.

Claus und Anna lieben ihren kleinen Jungen.
Sie haben ihn Till genannt.
Sie finden alles toll, was er macht.
Am liebsten streift der Junge durch den Wald.
Er kommt nur zur Hütte von seinen Eltern zurück,
um dort zu essen und zu schlafen.

Er kennt jeden Baum im großen Wald.
Auch das Haus der alten Hexe kennt Till gut.
Er geht gerne dorthin.

Auf einem Bücherbrett in ihrer Hütte stehen
sechs große Bücher mit Bildern.
Till findet sie toll. Er weiß alles, was darin steht.

Seiner Mutter erzählt er nicht,
dass er oft im Haus von der Hexe ist.
Er weiß, dass seiner Mutter
das nicht gefallen würde.

An dem Tag, an dem Till fünf Jahre alt wird,
sagt die Hexe zu ihm:
„Du bist schon so groß und klug.
Till, es ist Zeit, lesen zu lernen.
Dann muss ich dir nicht mehr aus meinen Büchern
vorlesen. Denn dann kannst du sie selbst lesen."

Till gefällt die Idee sehr gut.
Kurz darauf sitzen die Hexe und der kleine Junge
zusammen unter einem Baum.
Ein dickes Buch liegt zwischen ihnen.

Und so lernt Till lesen.
In einer Zeit, in der fast niemand zur Schule geht.

Kindheit

Till ist ein kluges Kind.
Er lernt viel aus den Büchern von der Hexe.
Claus und Anna sind ganz überrascht
über die Sprache von Till.
„Woher kann er das bloß?", sagen sie zueinander.

So hören sie eines Tages,
dass der kleine Till sich mit einem Ritter unterhält.
Der Mann hat sich auf seinem Pferd im Wald verirrt
und kommt zur Hütte vom Holzfäller.

Till ist alleine im Garten vor der Hütte.
Der Ritter auf seinem Pferd kommt näher.
Er fragt Till: „Keiner da?"

„Nein", antwortet Till sofort.
„Hier liegt der Hund begraben."
„Was?", fragt der Ritter erstaunt.

„Meine Eltern hatten früher einen Hund",
erklärt der Junge. „Der ist irgendwann gestorben.
Und dann wurde er hier im Garten begraben."

Der Ritter reitet erstaunt weiter.
„Das ist ein kluges Kind", sagt er zu seinem Pferd.
Und im Dorf erzählt er die Geschichte herum.

Auch im Dorf kennt man Till schon bald.
Nicht nur, weil er klug ist.
Sondern vor allem, weil er so frech ist.
Und weil er seine Scherze treibt mit den Leuten.
Scherze, über die eigentlich nur er lachen kann.
Darum wollen die Kinder aus dem Dorf
auch nichts mit ihm zu tun haben.
Und darum ist Till meistens alleine.

Trotzdem lädt ihn eines Tages ein Mädchen ein,
bei ihr Suppe zu essen.
Ihr Vater hat ein Schwein geschlachtet.
Und dann werden immer alle Kinder aus dem Dorf
zur Suppe eingeladen.

Till ist höflich und nett zu allen.
Er hilft sogar dabei, die Suppe auszuteilen.
Er stellt einen Teller Suppe vor jedes Kind.
Nur beim letzten Teller geht es schief.
Der Teller landet im Schoß von dem Mädchen,
das ihn eingeladen hat.
Ihr Vater ist wütend,
denn es ist keine Suppe mehr da.
Und jetzt hat seine Tochter nichts bekommen.
Der Vater jagt Till sofort weg.

„Warte nur", grinst Till. „Du wirst noch sehen,
dass ich es genau richtig gemacht habe."

Kurz darauf stellt sich heraus, dass Till recht hatte.
Denn alle Kinder werden krank.
Sie weinen und müssen sich übergeben.
Till hat ihnen nämlich die Suppe versalzen!

Von dort aus hat sie einen guten Blick
auf die Umgebung.
„Sie brennen das erste Dorf nieder", sagt sie kurz.
„Verdammt! Dann haben die Deutschen ihre toten
Kameraden schon gefunden", flucht Korsakow.

Ich erinnere mich an die Warnung der Deutschen,
als sie unser Land überfallen haben.
Auf Plakaten war es zu lesen und im Radio zu hören:
„Für jeden toten deutschen Soldaten
werden wir 30 Russen töten!"
Eine Partisanen-Gruppe wie diese hier
erwischen die Deutschen natürlich kaum.
Deshalb töten sie die Frauen, Kinder und alten Leute,
die noch in den Dörfern leben.
Und brennen dann alles nieder.

Korsakow bespricht sich kurz mit Vika.
Dann gibt er das Zeichen zum Weitermarschieren.
Sie wollen allerdings nicht mehr zu Abendroth.
„Das könnt ihr vergessen", sagt Korsakow zu Kolja.
„Wir müssen uns jetzt erst einmal verstecken."

Wir marschieren zu einer alten Jagdhütte.
Sie liegt verlassen in einem Wald.
Dort versteckt sich die Gruppe öfter,
wenn die Deutschen hinter ihnen her sind.

Till und Nele

Eines Tages muss Claus in die Stadt.
Sein Bruder ist sehr krank.
Claus will ihn noch ein letztes Mal sehen.
Claus leiht sich ein Pferd, damit er schneller
in die Stadt kommt.

„Darf ich mit, Vater?“, fragt Till.
Er will so gerne einmal
auf so einem großen Pferd sitzen.
Doch Claus schüttelt den Kopf.
„Du wärst mir nur lästig“, sagt er.

„Ich werde ganz brav sein, Vater“,
verspricht Till mit Tränen in den Augen.
Anna findet auch, dass Claus seinen Sohn
mitnehmen soll. „Für Till ist es gut,
wenn er seinen Onkel noch einmal sieht“, sagt Anna.

Kurz darauf reitet Claus mit Till
auf dem Pferd davon.
Fast alle im Dorf kennen Claus
und grüßen ihn freundlich.
Aber wenn Claus zurückgrüßt
und dann weiterreitet, rufen die Leute:
„Was für ein Bengel!
Na, Claus, mit dem wirst du noch was erleben.“

Denn Till, der hinter seinem Vater auf dem Pferd sitzt,
zieht immer wieder sein Hemd hoch.
Er zeigt allen seinen nackten Hintern!

„Was machst du denn, Till?“, fragt sein Vater,
als sie aus dem Dorf sind.

„Nichts, Vater“, antwortet der Junge.
„Ich verstehe es auch nicht.
Die Leute sind immer so unfreundlich zu mir.“

„Und ich traue dir doch nicht“, murrt Claus.
„Setz dich mal schön nach vorne.
Dann kann ich sehen, was du machst.“

Doch im nächsten Dorf rufen die Leute
Till wieder gemeine Dinge zu.
Und in der Stadt auch.
Denn jetzt streckt Till allen seine Zunge heraus.
Und er zieht Grimassen.
Das kann Claus von hinten ja nicht sehen.

„Wie kann das sein?“, murrt Claus.
„Mein Junge sitzt so still und benimmt sich tadellos.
Warum sind denn bloß alle so wütend auf ihn?“

„Siehst du, Vater“, sagt Till. „Die Leute sind wütend
auf mich, auch wenn ich gar nichts mache.“

„Das stimmt“, sagt Claus.
„Das stimmt …“

Dann sind sie am Haus vom Bruder.
Er liegt todkrank im Bett.
Seine Tochter Nele sitzt ganz still neben ihm.
Der kranke Mann hat gerade eben noch Zeit,
um sich zu verabschieden.
Er zeigt auf seine kleine Tochter.

„Sorge gut für sie, Claus“, sagt er.
Dann ist er tot.

Und so kommt Claus
mit zwei Kindern nach Hause.

Till und die kleine Nele werden gute Freunde.
Till zeigt ihr alle Orte im Wald.
Nur die Hütte von der Hexe nicht.
Dahin nimmt er Nele nie mit.

Till holt Brot

„Till“, sagt seine Mutter eines Tages.
„Du bist doch so klug?
Ich habe keinen Pfennig mehr im Haus
und wir haben kein Brot mehr.
Was machen wir jetzt?“

Till denkt kurz nach und nickt dann.
Er nimmt einen Sack mit einem Loch darin
und macht sich auf den Weg.
Er geht am Dorf vorbei.
Er geht in eine Stadt, wo niemand ihn kennt.

In der Stadt läuft er erst ein wenig umher.
Dann bleibt er vor einer Bäckerei stehen.
„Hey, Bäcker“, ruft er hinein.
„Ich bin hier mit meinem Meister in der Herberge
Zum Schwarzen Ochsen. Mein Meister wohnt
draußen, beim Schloss von Straßfurt.
Morgen ist dort ein großes Fest.
Er will dann den Armen Brot schenken.
Er hat mich gebeten, schöne Brote auszusuchen.
Und Ihre Brote sehen sehr schön aus.
Darum bin ich stehen geblieben.“

Der Bäcker nickt.
„Ja, ich habe schöne Brote“, sagt er zufrieden.

„Geben Sie mir doch bitte zehn Brote
in den Sack hier", sagt Till.
„Und kann der Bäckergeselle
mit zur Herberge kommen?
Dann gibt mein Meister ihm dort
das Geld für das Brot.
Wenn die Brote ihm gefallen,
geben wir morgen eine große Bestellung auf."

Der Bäcker freut sich so sehr, dass er sofort
zehn Brote in den Sack steckt.
Den Bäckergesellen schickt er mit Till mit.

Als die beiden Jungen um die Ecke sind,
lässt Till eines der Brote durch das Loch
auf den Boden fallen.
„Ach, na so was", sagt Till.
„Damit kann ich nicht zum Meister gehen.
Das Brot ist ja ganz dreckig.
Lauf doch bitte schnell zum Bäcker zurück
und tausche es gegen ein neues Brot."

Der Geselle gehorcht.
Er läuft mit dem dreckigen Brot davon.

Als er kurz darauf mit dem neuen Brot
zurückkommt, ist Till verschwunden ...

Die drei Versprechen

Till ist inzwischen 14 Jahre alt und ein starker Junge.
Er hilft seinem Vater beim Holzhacken.
Aber Spaß macht ihm das nicht.
Jeden Mittag verschwindet er.
Sein Vater regt sich jedes Mal auf.
Aber Till erzählt nie, wo er dann ist.
Nicht einmal Nele.

Eines Mittags geht Till wieder zu der alten Hexe.
Als er ankommt, findet er sie im Bett.
Die Hexe ist sehr krank und greift nach Tills Hand.
„Ich werde sterben, Till.
Und ich will, dass du mir gut zuhörst“, sagt die Hexe.

Da kommt eine braune Eule herangeflogen
und setzt sich auf Tills Schulter.
Es ist die Eule, die in der Hütte der Hexe wohnt.
Die Leute fürchteten sich vor der Eule.
Sie kamen zur Hexe, um sich die Zukunft
vorhersagen zu lassen.
Wenn dann die Eule durch die Hütte flog,
hatten sie immer Angst vor ihr.

„Ich habe es im Leben nicht leicht gehabt, Till“,
beginnt die Hexe.
„Mein Mann und meine Kinder sind gestorben

und ich musste aus der Stadt fliehen.
Die Leute sagen, dass ich eine Hexe bin.
Ich habe mich damals im Wald versteckt,
mit meinen Büchern.
Alle wussten, dass ich viele Kräuter kenne
und dass ich lesen kann.
Die Leute kamen zu mir in den Wald
und fragten mich um Rat.
Bei Krankheiten und wenn es um ihre Zukunft ging.
Die Leute glaubten, dass ich in die Zukunft
sehen kann. Sie haben mich gut dafür bezahlt."

„Die Leute wollen betrogen werden", antwortet Till.
„Sie wollen glauben, was man ihnen erzählt."

„All meine Bücher und Münzen gehören dir, Till",
fährt die Hexe fort.
„Aber du musst mir drei Dinge versprechen:
Ich will im Wald beerdigt werden.
Auf meinem Grab soll ein Kreuz aus Holz stehen."

„Dafür sorge ich", verspricht Till.

„Meine Eule musst du mitnehmen und dich gut um
sie kümmern. Bis sie stirbt", sagt die Hexe.

„Das mache ich", antwortet Till.
Er streicht der Eule über den Kopf.

„Das dritte Versprechen ist schwieriger",
sagt die Hexe. „Ich will, dass du den Wald verlässt.
Dass du in große Städte gehst.
Ich will, dass du das Wissen aus meinen Büchern
und mein Geld nutzt, um den Menschen zu helfen.
Den guten Menschen sollst du helfen.
Die bösen Menschen sollst du bestrafen.
Willst du das für mich tun?"

Till überlegt kurz und sagt dann:
„Auch das mache ich."

Zu Hause erzählt Till, dass er weggeht.
Seine Eltern und Nele sind traurig. Vor allem Nele.
Denn sie glaubte, dass Till sie sehr gern hat.

„Ich komme wieder und hole dich", verspricht Till.
„Wenn ich jemand geworden bin,
dann komme ich zurück.
Und dann heiraten wir."

Seiltanzen

Till zieht fröhlich durch das Land.
Er lebt vom Geld der alten Hexe.
Er übernachtet in Herbergen.
Dort isst und trinkt er bis spät in die Nacht
mit den anderen Gästen.
Und er erzählt ihnen schöne Geschichten.

„Kannst du auch was anderes als essen, trinken und Witze erzählen?“, fragen ihn die Leute eines Abends.

„Natürlich“, sagt Till. „Kommt morgen nur vorbei, dann tanze ich auf einem Seil.“

Am nächsten Tag spannt er ein Seil über den Fluss.
Dann wartet er, bis die Leute kommen.
Bald stehen viele Leute um das Seil herum.
Sie sind gespannt auf Tills Künste.
Till hat immer eine große Klappe und lacht alle aus.
Jetzt hoffen sie, ihn ins Wasser fallen zu sehen.
Damit sie auch einmal über ihn lachen können.

Doch es kommt anders.
Till kann gut auf dem Seil tanzen. Das hat er
im Wald gelernt, mit dem Springseil von Nele.
Er geht hin und her auf dem Seil,
springt hoch und dreht sich.

Die Leute klatschen.
Sie sind begeistert.
Etwas abseits steht ein Hut.
Das Publikum wirft Münzen
für den Seiltänzer in den Hut.
Doch ein paar Jungen sind neidisch
und schneiden das Seil durch.
Till fällt ins Wasser und alle lachen ihn aus.

Zum Glück ist Till ein guter Schwimmer.
Schnell schwimmt er ans Ufer.
„Kommt morgen wieder", ruft er den Leuten zu,
die weggehen. „Dann zeige ich etwas viel Besseres.
Meinen besonderen Seiltanz mit 100 Schuhen."

Lachend gehen die Leute weg.
Ihre Münzen nehmen sie wieder mit,
denn die Vorstellung ist misslungen.

Aber am nächsten Tag stehen sie alle wieder da.
Sie sind gespannt auf den besonderen Tanz
mit 100 Schuhen.
Till steigt auf das Seil und ruft:
„Ich brauche 100 linke Schuhe.
Wenn alle jetzt ihren linken Schuh ausziehen …"

Schnell hat Till 100 linke Schuhe beisammen.
Er knotet sie an ein langes Seil.

Dann steigt er wieder auf das Seil, auf dem er tanzt.
Da springt er ein bisschen herum
und winkt mit dem langen Seil voller Schuhe.

„Ist das alles?“, murren die Leute.

„Nein“, ruft Till, „aber DAS ist alles!“
Und er schleudert das Seil mit den Schuhen
auf die Leute.

„Au, au“, hört man von allen Seiten.
Denn viele Leute kriegen einen Schuh an den Kopf.
Die Leute begreifen, dass sie betrogen worden sind.
Sie versuchen alle, ihre Schuhe zurückzukriegen.
Das gibt natürlich ein großes Chaos.
Sie rollen übereinander her
und kämpfen um ihre Schuhe.
Ihre Nasen bluten und so manch einer
bekommt ein blaues Auge.

Während die Leute versuchen, ihre eigenen Schuhe
wiederzufinden, schleicht Till davon.
So, denkt er. Sie haben mich ausgelacht,
und jetzt lache ich sie aus.

Er verlässt so schnell wie möglich die Stadt.
Denn er weiß, dass er sich hier
nicht mehr sehen lassen kann.

Der lesende Esel

Till geht an Feldern vorbei.
Monatelang hat er gut leben können.
Vom Geld der Hexe und von seinen „Scherzen“.
Hier und dort hat er den Leuten auch
die Zukunft vorhergesagt.
Genauso wie die alte Hexe es getan hatte.
Und oft hat er Leute wütend gemacht,
wie beim Seiltanzen.

Aber jetzt hat er kein Geld mehr. Er ist pleite.
Ich muss etwas ändern, denkt Till.
Ich muss einen Beruf erlernen.
Denn wenn ich so weitermache,
dann komme ich ins Gefängnis.

Dann sieht er in der Ferne einen Bauern
mit einem Esel. Die beiden kommen näher.
„Ich werde versuchen, bei dem Bauern
Arbeit zu finden“, murmelt Till.

Till geht auf den Bauern und seinen Esel zu.
Er breitet seine Arme aus und ruft:
„Mein guter, treuer Wilhelm!“

„Ich heiße nicht Wilhelm“, antwortet der Bauer,
„ich heiße Hannes.“

„Hannes, natürlich.
Ich war so froh, dich wiederzusehen.
Darum habe ich mich beim Namen geirrt.“

„Ich kenne dich nicht.“

„Was? Du erkennst deinen eigenen Neffen nicht?
Deinen Neffen aus dem Dorf hinter den Hügeln?“

„Ich habe nie etwas von einem Neffen gehört.“

„Aber du bist doch Hannes, Hannes ...“

„Braunochs“, sagt der Mann.

„Genau“, antwortet Till. „Hannes Braunochs aus ...“

„Aachen.“

„Genau“, sagt Till wieder. „Du erkennst mich nicht.
Aber ich erkenne dich sehr wohl!
Wie geht es denn deiner Frau ...?
Wie hieß sie doch gleich?“

„Mia“, antwortet der Bauer.

„Natürlich, die liebe Mia.
Es wäre schön, sie wiederzusehen.“

Dann dreht Till sich plötzlich zum Esel um.
Er hat Angst, dass der „Onkel“ sonst
zu viele Fragen stellt.

„Was sieht der Esel klug aus!“, ruft er.
„Er scheint mir fast so klug wie meine Eule zu sein.“
Till deutet auf seine Schulter.

„Ja, dumm ist mein Esel nicht“, stimmt der Bauer zu.

„Schade nur, dass er nicht besser ausgebildet ist,
lieber Onkel“, findet Till.

„Da brauchst du mir nichts zu erzählen“,
sagt der Bauer. „Es gibt keinen Esel,
der besser gepflegt wird als mein Paul.“

Till nimmt seine Mütze ab und verbeugt sich
vor dem Esel.
„Sei gegrüßt, Meister Paul“, sagt er.
Und dann zu Hannes:
„Ich sehe, dass dein Esel körperlich gesund ist.
Aber es geht mir um seine geistige Gesundheit,
lieber Onkel. Dieser Esel muss lesen lernen.“

Hannes bricht in ein lautes Lachen aus.
Ihm laufen Tränen über die Wangen.
„Es ist wahr, lieber Onkel“, sagt Till.

„Ich habe die Kinder von Fürsten lesen gelehrt.
Aber ich wollte mehr. Und jetzt lehre ich Pferde,
Kühe und Schweine das Lesen. Und Esel.“

Der Bauer hat aufgehört zu lachen
und sieht voller Bewunderung zu Till hinüber.
„Das kostet doch bestimmt viel Geld?“, fragt er.

„Es ist mit keinem Geld der Welt zu bezahlen“,
sagt Till. „Aber wenn ich ein paar Tage
bei dir bleiben kann, dann will ich es umsonst tun.
Weil du mein Onkel bist.“

Hannes rechnet schnell aus, was er mit einem
lesenden Esel auf dem Markt verdienen könnte.
Er beschließt, Till mit auf seinen Hof zu nehmen.

Mia, die Frau von Hannes,
erkennt den Neffen von hinter den Hügeln sofort.
Auch wenn sie ihn noch nie gesehen hat.
Sie brät Eier und Speck für ihn
und sie trinken viel Bier.
Ich muss versuchen, so lange wie möglich
hierzubleiben, denkt Till, bevor er einschläft.

Am nächsten Tag schließt Till sich mit dem Esel
im Stall ein. Er bleibt eine halbe Stunde dort
und kommt dann wieder raus.

„Er ist einer der klügsten Esel, die ich jemals
gesehen habe", sagt er zu Hannes.

„Wird es schnell gehen?", fragt der.

„Manche Buchstaben schon", sagt Till.
„Aber andere Buchstaben sind schwieriger.
Die dauern länger."

Und so geht es zwei Wochen lang.
Till schließt sich jeden Tag mit dem Esel im Stall ein.
Zusammen mit einem großen Buch,
das er von Hannes geliehen hat.
Zwischen die einzelnen Seiten von dem Buch
legt Till Disteln.
Er bringt dem Esel bei, diese Disteln zu finden,
indem er mit dem Kopf die Seiten umblättert.
Der Esel macht das gerne.
Denn er bekommt erst dann etwas zu essen,
wenn er die Disteln im Buch findet.

Hannes möchte natürlich gerne wissen,
wie es mit seinem Esel läuft.
Darum fordert er eine Vorstellung.
An einem Sonntag kann Till das
nicht länger hinauszögern.
Er lädt alle auf den Innenhof ein
und legt dem Esel das Buch vor die Hufe.

Dieser fängt sofort an, mit dem Kopf die Seiten umzublättern. Auf der Suche nach den Disteln. Er macht dabei ganz laut „I-a, I-a“, weil dieses Mal keine Disteln zwischen den Seiten sind. Und dabei hat er solchen Hunger!

„Seht nur, das kann er schon“, erklärt Till. „Er kann die Seiten finden, auf denen die Is und die As stehen. Die liest er dann vor. Seht nur.“ Till zeigt im Buch auf die Buchstaben, die der Esel vorgelesen hat. Alle Zuschauer sind erstaunt und klatschen.

Am Abend verlässt Till den Bauernhof. Er verkauft dem Bauern noch einen Krug voll mit trübem Wasser und sagt: „Wenn du zwei Tropfen hiervon auf das Futter für den Esel gibst, dann lernt er die anderen Buchstaben auch. In sechs Monaten kann er sicherlich alle Buchstaben lesen.“

Dann geht er davon. „Die Leute wollen betrogen werden“, sagt er fröhlich dabei.

Till heilt Schwerkranke

Till hat für den Krug voll mit trübem Wasser
eine Menge Geld bekommen.
Jetzt wohnt er in einer Herberge
in der nächsten Stadt.
Er schläft, isst und trinkt dort die ganze Woche.
Dann hat er wieder kein Geld mehr.
Er muss sich etwas Neues einfallen lassen.
Oder er muss sich wirklich eine Arbeit suchen.
Aber auf Arbeit hat Till so gar keine Lust!

Zum Glück trifft er am nächsten Morgen
in der Herberge einen Mann.
Dieser erzählt ihm, dass er ein Arzt
aus Nürnberg ist.
Und dass er an diesem Mittag
im Krankenhaus erwartet wird.
„Um Schwerkranke zu behandeln."

Till weiß sofort, was er tun muss.
Und er geht zum Krankenhaus.

„Ich bin der Arzt aus Nürnberg", sagt er.
„Ich komme, um die Schwerkranken zu behandeln."

Die Oberschwester bringt ihn sofort in einen Saal.
Dort liegen 15 Leute in ihren Betten.

„Sie wollen nicht raus aus dem Krankenhaus“,
erzählt die Schwester.
„Sie liegen hier schon viel zu lange.“

Till nickt und bittet die Oberschwester,
ihn mit den Kranken alleine zu lassen.

Als die Schwester weg ist, sagt Till:
„Ich bin eigentlich eher ein Zauberer als ein Arzt.
In zwei Stunden werdet ihr alle wieder gesund sein.
Ihr könnt dann das Krankenhaus verlassen.
Aber dafür muss ich einen von euch opfern.
Ich werde ihn verbrennen.
Aus der Asche mache ich meinen Zaubertrank.
Dafür wähle ich natürlich den Kränksten von euch.
Gleich komme ich mit der Schwester wieder herein.
Dann wird sie sagen:
‚Wer nicht mehr krank ist, geht bitte.‘
Derjenige, der zurückbleibt, wird verbrannt werden.
Die anderen bekommen dann die Medizin,
die ich aus ihm mache.
Aber ich muss euch bitten,
mit niemandem darüber zu sprechen.“

Dann geht Till aus dem Saal und zur Schwester.
„Allen Kranken geht es besser“, sagt er.
„Sie werden es selbst sehen. Und Sie müssen mich
auch erst bezahlen, wenn sie alle weg sind.“

Die Schwester ist natürlich neugierig
und geht sofort in den Krankensaal.
„Wer nicht mehr krank ist, geht bitte“, ruft sie.
Denn das hat Till ihr gesagt.
Zu ihrer Überraschung springen
alle Kranken aus dem Bett.
So schnell sie können, stürzen sie nach draußen.
In wenigen Minuten ist der Saal leer.

„Das ist ja kaum zu glauben“,
sagt die Schwester überrascht.

Till bekommt seine Belohnung.
Damit geht er zur Herberge zurück.
Dort trifft er den Arzt aus Nürnberg wieder.
Er wünscht dem Mann viel Erfolg im Krankenhaus.
Dann bezahlt er den Herbergsvater
und zieht davon.
Als der Arzt im Krankenhaus ankommt,
ist Till schon längst aus der Stadt.

„Was du heute kannst besorgen,
das verschiebe nicht auf morgen“, singt er.

Till als Koch

Till wohnt mal hier, mal dort in Herbergen.
In einer Herberge trifft er einen Viehhändler.
Der Viehhändler klagt, dass er keinen guten Koch finden kann. Dabei will er doch morgen ein großes Fest geben, für wichtige Leute.

Till antwortet sofort, dass er Koch ist.
„Ich habe den Beruf bei einem Grafen gelernt", erzählt Till dem Viehhändler.
„Aber ich musste weg von dort,
weil mein Essen zu lecker war."

Der Viehhändler ist ganz überrascht:
„Wie kann das sein?"

„Der Graf wurde viel zu dick und die Gräfin auch", erklärt Till. „Und die Bediensteten
platzten auch bald aus ihrer Kleidung."

„Dann bist du genau der Mann, den ich brauche!", ruft der Viehhändler aus. „Ich will,
dass du morgen für mich kochst. Und zwar etwas, was noch kein Mensch zuvor gegessen hat."

„Das kann ich machen", antwortet Till.
„Aber dann brauche ich Geld, um einzukaufen."

Der Viehhändler gibt Till genügend Geld.
Till geht sofort los zum Einkaufen.

Auf dem Markt geht Till zuerst zu einer Frau,
die Hühner, Hähnchen und Eier verkauft.
„Das ist ein schöner Hahn“, findet Till.
Er greift sich eines der Tiere.

„Natürlich“, sagt die Frau.
„Ich habe gute Tiere.“

„Dann möchte ich auch noch ein paar Hühner
und 50 Eier“, sagt Till. „Denn ich muss ein großes
Festmahl kochen für einen reichen Viehhändler.“

„Sehr gern“, sagt die Frau glücklich.
Sie packt alles in einen Korb.

Till will seine Geldbörse nehmen und bezahlen.
Er fühlt links und rechts in seiner Hosentasche.
Aber die Geldbörse ist verschwunden.

„Ach nein, ich habe meine Geldbörse verloren“,
sagt Till. „Aber ich gehe schnell
und hole Geld von meinem Meister.
Die Hühner und die Eier nehme ich schon mal mit.
Aber den Hahn lasse ich noch hier,
als Unterpfand.

So können Sie ganz sicher sein,
dass ich zurückkomme, um zu bezahlen."

„Ist gut", sagt die Frau.
Und sie nimmt ihren eigenen Hahn
aus Tills Händen entgegen.

Till macht noch ein paar andere Einkäufe.
Danach macht er sich auf den Weg
zum Haus des Viehhändlers.
Dort bereitet er sofort die Hühner
über dem Holzfeuer zu.
Schon bald riecht es herrlich
nach gebratenem Fleisch.

„Das riecht gut", sagt der Viehhändler zufrieden.

„Morgen werden Sie was erleben",
antwortet Till lachend.

Als der Mann weg ist, probiert Till eines der Hühner.
Es schmeckt ihm so gut,
dass er das ganze Huhn aufisst.
Dann sind die anderen Hühner an der Reihe!

Am nächsten Tag ist nicht mehr viel übrig
von dem Essen, das Till gekocht hat.
Aber das ist kein Problem für Till.

Er wirft das übrige Essen in einen großen Topf.
Und als die Gäste vom Viehhändler kommen,
ist sein besonderes Gericht fertig.
Voller Stolz trägt er einen großen Topf zum Esstisch.

Die Gäste finden das Gericht
natürlich ziemlich eklig.
Till hat einfach alles zusammengemischt.

„Bah, was ist das denn für ein Koch?“,
fragen die Gäste.
„Davon essen wir keinen Bissen.“

Der Viehhändler schämt sich.
Er ruft sofort nach Till.
Doch der lacht nur.

„Sie wollten etwas, was noch kein Mensch
jemals gegessen hat“, sagt er.
„Und das haben Sie gekriegt.“

Till verliert seine Eule

„Kann ich hier etwas zu essen bekommen?",
fragt Till eines Tages bei einer Herberge.

Die Frau betrachtet ihn von Kopf bis Fuß.
Sie antwortet: „Ja, für Geld."

„Das ist gut", sagt Till, während er sich
an den großen Tisch setzt.
„Geben Sie mir das Beste, was Sie haben."

Till bekommt die herrlichsten Gerichte.
Und er trinkt viel Bier dazu.
Am Ende der Mahlzeit fragt er:
„Für wie viel Geld habe ich jetzt gegessen?"

„Für anderthalb Mark", antwortet die Frau.

„Gut, dann bezahlen Sie mich", sagt Till.

„Was?", brüllt die Frau.
„Sie müssen mich bezahlen,
denn Sie haben mein Essen aufgegessen!"

„Nein", findet Till. „Sie haben mir gesagt,
dass ich hier für Geld essen kann.
Also müssen Sie mich bezahlen."

Es geht eine Weile weiter so hin und her.
Dann kommt der Herbergsvater dazu.
Er ist ein großer, starker Mann.
Er greift Till im Nacken und bringt ihn
zum Gefängnis.
Dort wird er in eine Zelle gesperrt.

Erst findet Till das nicht so schlimm.
Er hat zumindest ein Bett, in dem er schlafen kann.
Doch nach ein paar Tagen hat er genug
vom Gefängnis. Er hat Hunger.
Denn er kriegt nur trockenes Brot und Wasser.

Im Gefängnis hat Till auch eine Menge Zeit,
über sein Leben nachzudenken.
Ich muss ein besserer Mensch werden, denkt er.
Ich muss zu Nele zurückgehen.
Und dann muss ich ein braver Bürger werden.

Als er aus dem Gefängnis kommt,
ist er ein anderer Mensch.
Er ist ganz mager geworden.
Und er ist voll guter Absichten.

Er geht sofort zur Herberge,
um sich zu entschuldigen und seine Eule zu holen.
Doch der Herbergsvater und seine Frau
haben die Eule verkauft.

„Und wir werden dich mit dem Stock schlagen, wenn du nicht bald verschwindest“, rufen sie.

Till ist traurig.
„Jetzt kann ich mein zweites Versprechen an die Hexe nicht mehr halten“, murmelt er beim Weggehen.

Till fliegt

Es ist Kirmes.
Till verdient gut als Seiltänzer.
Aber natürlich ist er damit nicht zufrieden.
Das „normale“ Leben gefällt ihm nicht.
Er will wieder einmal einen Streich spielen.
Deshalb lässt er das Folgende bekannt geben:
Till Eulenspiegel wird morgen früh auf dem Markt
vom höchsten Dach nach unten fliegen!
Kommt alle und seht es euch an!
Nur für Adelige.
Kosten: 25 Pfennig.

Am nächsten Morgen ist es sehr voll auf dem
Marktplatz. Es sind viele Adelige gekommen,
aber auch einfache Leute.
Till geht erst mit einem Hut
bei allen Zuschauern vorbei.
Jeder legt 25 Pfennig hinein.
Die Adeligen können das ganz leicht bezahlen.
Und den anderen ist es schon 25 Pfennig wert,
Till einmal fliegen zu sehen oder …
Till einmal fallen zu sehen!

Till betritt eines der Häuser
und erscheint auf dem Dach, nahe der Regenrinne.
Er schwingt die Arme.

Er tut so, als ob er fliegen wollte.
Die Leute unten rufen: „Ha!“
Und: „Komm schon, Till!“

„Meine Damen und Herren! Ruhe bitte!“, ruft Till.
Es ist sofort totenstill.
Dann spricht Till:
„Ich dachte, ich bin der einzige Narr im Land.
Aber jetzt sehe ich, dass es Hunderte Narren gibt!
Wenn einer von euch mir erzählt hätte,
er kann fliegen, dann hätte ich ihm nicht geglaubt.
Aber ihr habt es alle geglaubt,
als der verrückte Till das gesagt hat.
Ihr seid ja noch verrückter als ich!
Auf Wiedersehen, liebe Leute!
Und vielen Dank!“

Nach einer Verbeugung geht er wieder rein.
Die wütenden Leute versuchen, ihn zu erwischen.
Aber, wie jedes Mal, ist Till zu klug
und zu schnell für sie.

Till backt Eulen und Meerkatzen

Till kann lange leben von den Münzen,
die er mit seiner Flugkunst verdient hat.
Aber eines Tages ist auch dieses Geld aufgebraucht.
Er ist zu der Zeit in Braunschweig.
Er hört, dass der Bäcker dort einen Gehilfen sucht.
Till geht direkt zur Bäckerei.
„Ich habe noch nie Brot gebacken", sagt Till.
„Aber ich lerne schnell."

Der Bäcker nimmt Till als Gehilfen an.
Ein paar Nächte lang arbeiten sie zusammen.
Unter der Leitung des Bäckers macht Till sich gut.
Der Bäcker sieht, dass Till wirklich schnell lernt.
Alle Brote, die aus dem Ofen kommen,
sehen wunderbar aus.

Eines Abends sagt der Bäcker:
„Till, heute Nacht werde ich schlafen,
anstatt zu backen. Ich bin müde.
Du wirst heute Nacht alleine backen müssen."

„In Ordnung", sagt Till.
„Aber was genau soll ich backen?"

Der Bäcker ärgert sich über die blöde Frage.
Sie haben doch jede Nacht das Gleiche gebacken!

„Eulen und Meerkatzen natürlich“,
schnauzt er und geht ins Bett.

Ha, denkt Till. Du willst Eulen und Meerkatzen.
Du kriegst Eulen und Meerkatzen.
Und er macht aus dem Brotteig
prächtige Eulen und wunderschöne Meerkatzen.
Dafür nimmt er den ganzen Teig.
Er backt kein einziges normales Brot.

Am nächsten Morgen ist der Bäcker wütend.
Aber Till sagt: „Meister, ich habe genau getan,
was Sie gesagt haben.
Wie können Sie jetzt wütend sein?“

„Du zahlst mir das Mehl, das du verwendet hast!“,
schreit der wütende Bäcker.

„In Ordnung“, sagt Till. „Aber dann gehören
die Eulen und Meerkatzen mir.“

Er steckt die besonderen Brote in einen Beutel
und geht zum Markt.
Dort zeigt er seine Eulen und Meerkatzen.
Den Leuten gefallen die Brote.
Sie riechen lecker und sie sehen
auch noch hübsch aus.
Alle möchten so ein besonderes Brot kaufen.

„Sie kosten aber doppelt so viel wie normales Brot“, sagt Till.

Doch das finden die Leute nicht schlimm.
Es ist ein Feiertag und sie sind in guter Stimmung.
Schnell ist Till seine Eulen und Meerkatzen los.

Doch der Bäcker will Till danach nicht mehr als Gehilfen haben.

Till als Maler

Eines Tages kommt Till in eine Stadt in Hessen.
Dort hört er, dass der Graf die Wände
von seinem Rittersaal bemalen lassen will.
Alle Heldentaten seiner Vorfahren
sollen auf die Wände gemalt werden.
Till geht sofort zum Schloss von dem Grafen.

„Ich bin ein berühmter Maler“, lügt er den Grafen an.
„Ich habe schon für viele Fürsten gearbeitet.“
Er zeigt ein paar Malereien, die er kurz zuvor
auf dem Markt gekauft hat.

Der Graf versteht nichts von Kunst.
Aber die Malereien gefallen ihm gut.
Vor allem die Geschichten von Till
über die Fürsten machen Eindruck auf ihn.
Der Graf erklärt Till genau, was er malen soll.
Und er erklärt, welchen Preis er dafür zahlen will.

„Verehrter Graf“, sagt Till. „Das ist genau die Arbeit,
die ich für viele Herren erledigt habe.
Und Sie zahlen gut, also nehme ich die Arbeit an.
Sie müssen mich erst bezahlen,
wenn die Arbeit fertig ist.
Aber ich möchte gerne einen Vorschuss,
um Farbe zu kaufen.“

Der Graf gibt ihm also etwas Geld.
Am nächsten Tag kommt Till zum Schloss.
Er hat zwei Knechte bei sich.
Diese tragen Eimer mit Farbe, Pinsel und Leitern.

„Guten Morgen, verehrter Graf", sagt Till höflich.
„Die Arbeit beginnt.
Doch wir dürfen nicht gestört werden.
Niemand darf in den Rittersaal kommen,
solange wir arbeiten."

Der Graf verspricht, dass niemand
den großen Künstler stören wird.

Und dann sind Till und die Knechte
alleine im Rittersaal.
Doch sie fangen überhaupt nicht an zu malen.
Sie haben gutes Essen und viel zu trinken gekauft
vom Geld von dem Grafen.
Sie sitzen auf weichen Stühlen im Rittersaal.
Sie unterhalten sich gemütlich und spielen Karten.
Als es fast dunkel ist, schließen sie den Rittersaal ab
und gehen davon.

Am nächsten Tag kommen sie wieder
und machen das Gleiche.
Und so geht es tagelang weiter.
Jeden Tag fragt der Graf, wie es vorangeht.

Till antwortet immer, dass er sehr zufrieden ist.
Er zeigt nichts, aber er bittet ab und an
um einen weiteren Vorschuss.
„Die Farbe, die ich benutze,
ist eine ganz besondere Farbe“, erklärt er.
„Und darum auch so teuer.“

Der Graf gibt Till jedes Mal wieder Geld.
Till gibt das Geld jedes Mal sofort wieder
für Essen und Trinken aus.
Und er bezahlt die Herberge, wo er wohnt.

Doch nach zwei Wochen hat der Graf genug.
Er will jetzt die Malereien sehen.

„Gut“, sagt Till. „Kommen Sie heute Mittag vorbei,
dann ist die eine Wand fertig.
Aber es darf niemand sonst kommen. Nur Sie.
Ich habe eine Sorte Farbe benutzt,
die nur für Menschen von Adel sichtbar ist.
Menschen, die nicht von Adel sind,
können die Malereien nicht sehen.“

Am Mittag kommt der Graf in den Rittersaal.
Die Helfer von Till ziehen ein Laken weg,
das vor einer der Wände hängt.
Die kahle Mauer kommt zum Vorschein.
„Wie finden Sie es, verehrter Graf?“, fragt Till.

Der Graf sieht natürlich nichts.
Er schaut nur und sagt: „Mmmm."

Dann zeigt Till mit einem großen Pinsel
an die Wand.
„Dort auf dem prächtigen weißen Pferd
sitzt Ihr Ur-Ur-Großvater,
in seinem goldenen Harnisch.
Um ihn herum stehen die Pferde
mit den Rittern aus seinem Heer.
Und dort zwischen den Bäumen hindurch
sehen Sie die Adeligen mit ihren Damen.
Hier im Vordergrund liegen die Leichen
von seinen Feinden.
Und dort in der Ferne steht das Schloss.
Sehen Sie, wie die Flagge weht?"

Der Graf nickt.
Er denkt: Vielleicht bin ich ja gar nicht adelig.
Das darf keiner wissen!

„Also sind Sie zufrieden?", fragt Till freundlich.
Der Graf betrachtet noch einmal
die kahle Mauer und sagt:
„Sicher, sicher, mein Freund."
Und er geht.
Er erzählt der Gräfin,
wie schön die Malereien werden.

Und natürlich will die Gräfin sie auch sehen.
Erst sagt Till nein.
Doch dann drängt ihn der Graf.
Denn der Graf ist neugierig,
ob seine Frau die Malerei wohl sehen kann.
Oder ob sie womöglich auch gar nicht von Adel ist.

Der Graf und die Gräfin kommen am nächsten Tag,
um die Malereien anzusehen.
Und alle Bediensteten kommen mit.
Denn alle sind neugierig.

Till erzählt wieder von der besonderen Farbe,
die nur von Menschen von Adel gesehen wird.
Dann zieht er das Laken weg
und beginnt wieder seine Erklärung.

Alle stehen erstaunt da und nicken.
Keiner sagt ein Wort.

Nur der Narr des Grafen sagt laut:
„Nun, ich weiß jetzt sicher, dass ich nicht adelig bin,
denn ich sehe nichts.
Keine Zeichnung und keine Farbe.“

Alle anderen sehen voller Verachtung zum Narr.
„Wenn du so was sagst, bist du wirklich dumm“,
sagt einer der Bediensteten.

Aber als alle den Rittersaal verlassen haben,
sagt Till zu seinen Gefährten:
„Jungs, da der Narr jetzt die Wahrheit sagt,
wird es gefährlich für uns.
Wir verschwinden und kommen
nicht mehr wieder."

Die Katze im Sack

Till hat das Schloss von dem Grafen
mit wenig Geld verlassen.
Denn das Geld, das der Graf ihm gegeben hat,
hat er ja sofort wieder ausgegeben.

Darum läuft er hungrig durch den Wald.
Es wäre schön, wenn ich ein Kaninchen fangen
könnte, denkt er. Oder einen Hasen.
Und gerade, als er daran denkt ...
sieht er einen Hasen.
Die Hasenohren gucken aus dem Gras heraus.
Schnell geht Till hin und packt den Hasen.
Aber, leider ... Es ist nur ein Hasenkopf,
mit dem Hasenfell und ein paar Knochen.
Das ganze leckere Fleisch haben
die Ameisen schon aufgefressen.

Seufzend setzt sich Till ins Gras.
Damit kann ich nichts anfangen, denkt er.
Doch dann hört er ein Geräusch, das ihn freut.
„Miau, miau."

„Miez, miez", sagt Till. „Komm doch mal her."
Er steckt die Hand in die Tasche,
als ob er etwas Leckeres daraus hervorholt.
Das Tier hat wahrscheinlich Hunger,

denn es kommt langsam näher.
Und nach ein paar Minuten ist die Katze so nah, dass Till sie packen kann.
Schnell packt er die Katze in einen Sack.

Lachend nimmt er sein Messer und schneidet das Fell von dem Hasen auf.
Dann steckt er die Katze in das Hasenfell und näht das Fell zu.
Es ist doch gut, dass ich immer Nadel und Faden bei mir habe, denkt er.

„Und jetzt ist es an der Zeit, eine Herberge aufzusuchen", murmelt Till.
Er geht los.

Kurz darauf sieht er ein Schild:
Herberge *Zum Grünen Jäger*.
Till geht hinein.

„Ich habe einen Hasen zu verkaufen", sagt er zur Herbergsmutter.
Er lässt die Frau in den Sack gucken.
Darin sieht sie das Tier mit den langen Ohren, wie es sich hin und her bewegt.

„Ach, der Hase lebt noch", sagt sie.
Damit habe ich aber nicht gerechnet!"

„Natürlich, bei mir bekommen Sie nur
frisches Fleisch", antwortet Till.

Sie verhandeln kurz über den Preis
und dann gehört der Hase der Herbergsmutter.

„Ich gebe ihn heute Abend meinem Mann",
sagt die Frau. „Er kann ihn dann häuten."

Der Mann freut sich auch über den Hasen.
Aber er will ihn eigentlich nicht selbst töten.
Darum lässt er seinen Hund in die Scheune
und schüttet dort den Sack aus.
Der Hund springt direkt auf den Hasen zu
und packt ihn im Nacken.
Dann schüttelt er den Hasen ein paar Mal
hin und her.
Als der Herbergsvater und seine Frau kommen,
legt der Hund ihnen das Hasenfell
mit dem Hasenkopf vor die Füße.
Oben in der Scheune sitzt die Katze
und miaut laut.

Die Frau sieht das Hasenfell,
mit den Stichen am Bauch.
Sie begreift, dass sie keinen Hasen,
sondern eine Katze im Sack gekauft hat.

Die zwölf Blinden

Eines Tages begegnet Till zwölf blinden Männern
vor der Herberge *Das Weiße Schwein*.
Er ist mal wieder pleite. Da fällt ihm gleich was ein,
wie er die Blinden ausnutzen kann.

„Meine Herren“, sagt Till.
„Ihr müsst doch müde sein und Hunger haben.
Ihr seht aus, als ob ihr weit gereist seid.“

„Aber ja, mein Herr“, antworten die Blinden.

„Ich bin Graf von Immenhausen“, fährt Till fort.
„Ich tue gerne Gutes für Leute wie euch.
Hier habt ihr zwölf Mark.
Geht nur in die Herberge *Zum Weißen Schwein*
und esst euch satt.“

Till gibt niemandem Geld.
Aber die Blinden denken, dass einer von ihnen
das Geld wohl bekommen hat.
Glücklich betreten sie die Herberge.
Sie erzählen dem Herbergsvater,
dass sie zwölf Mark erhalten haben
vom Grafen von Immenhausen.
Der Herbergsvater hat gesehen,
wie Till mit den Blinden geredet hat.

Er freut sich, als auch Till in die Herberge kommt,
um zu essen.
Ein Graf, an dem kann man bestimmt
gut verdienen!

Die Blinden essen und trinken,
bis sie nicht mehr können.
Und auch Till gibt sein Bestes.
Doch als gezahlt werden muss, gibt es ein Problem.
Denn keiner von den Blinden hat das Geld.
Und Till sagt, dass er sich nicht mehr erinnern kann,
wem er das Geld gegeben hat.

„Können Sie dann nicht die Mahlzeit
für sie bezahlen?", fragt der Herbergsvater Till.

„Ich würde ja gerne", antwortet Till.
„Aber ich habe den Blinden
mein letztes Geld gegeben."

„Dann werden wir sie zur Polizei bringen müssen",
sagt der Herbergsvater.
„Denn einer von ihnen hat zwölf Mark
und will nicht bezahlen."

Till denkt kurz nach.
„Vertrauen Sie dem Pastor?",
fragt er den Herbergsvater.

„Natürlich“, antwortet der Herbergsvater.

„Er ist ein Freund von mir“, erklärt Till.
„Ich werde ihn bitten, alles zu regeln.“

Till geht davon und läuft zum Haus vom Pastor.
Dieser ist genervt, weil jemand an der Tür ist,
denn er hat nicht gerne Gäste.

„Es ist aber sehr wichtig“, drängt Till.
„Ich wohne in der Herberge *Zum Weißen Schwein.*
Der Herbergsvater dort ist vom Teufel besessen.
Können Sie kommen und den Teufel austreiben?“

„Ja, natürlich“, sagt der Pastor.
„Wenn wir gegessen haben.“

Till kehrt zur Herberge zurück.
„Der Pastor kommt und wird alles regeln“, sagt er.
„Lassen Sie die Blinden nur gehen.“

„Das sagen Sie jetzt so!“, ruft der Herbergsvater.
„Aber ich kenne Sie nicht.
Woher weiß ich, dass Sie die Wahrheit sagen?“

„Lassen Sie Ihre Frau zum Pastor gehen“, sagt Till.
„Sie kann fragen, ob er zur Herberge kommt,
um alles zu regeln.“

Die Frau geht zum Pastor und kommt
nach einer Weile wieder zurück.

„Es stimmt", sagt sie.
„Der Pastor kommt, sobald er gegessen hat."

„Dann ist es in Ordnung", findet der Herbergsvater,
und er lässt die Blinden gehen.

„Ich nehme dann auch Abschied", sagt Till.

„Auf Wiedersehen, edler Herr",
sagt der Herbergsvater.
„Wir hoffen, Sie bald wiederzusehen."

Aber Till hat sich dort nie wieder blicken lassen.

Wie Till ein Kind heilt

Auf einer seiner Reisen kommt Till
in ein kleines Dorf, in der Nähe von Prag.
Er weiß inzwischen, wie leicht es ist,
einfache Leute zu betrügen.
Vor allem wenn er erzählt,
dass er ein berühmter Arzt ist.
Weil er Geld braucht, fragt er,
welche Probleme es denn so im Dorf gibt.

„Ich kann jeden Kranken heilen“,
erzählt er voller Selbstvertrauen.

Die Leute zeigen ihm das Haus
einer verzweifelten Mutter.
Ihr Kind ist zwei Jahre alt und leidet schon
seit drei Tagen an Verstopfung.
Wenn die Verstopfung nicht bald nachlässt,
wird das Kind sterben.

„Ich wäre Ihnen so dankbar,
wenn Sie mein Kind heilen“, sagt die Frau.

„Was geben Sie mir, wenn ich das tue?“, fragt Till.

„Zehn Mark, wenn es sein muss“, sagt die Frau.
„Mehr habe ich aber nicht.“

„Gut“, sagt Till. „Geben Sie mir Milch und Kleie.
Und gehen Sie in den Garten
und holen Sie mir Sauerampfer.“

Als die Frau weg ist, nimmt Till das Kind
aus seinem Stuhl.
Im Kinderstuhl ist ein Loch.
Darunter steht ein Töpfchen aus Zinn.
Schnell macht Till selbst in das Töpfchen.
Dann setzt er das Kind zurück.
Er gibt ihm ein paar Schluck Milch mit Kleie.
Und dann ist die Mutter wieder zurück,
mit dem Sauerampfer.

„Ich glaube, das Mittel hat schon gewirkt.
Dem Kind geht es besser“, sagt Till.

Die Mutter riecht sofort den Gestank,
der aus dem Töpfchen kommt.
Ihr kommen Tränen in die Augen.

„Oh, ist das möglich!“, sagt sie.
Und sie geht zum Schrank,
um die versprochenen zehn Mark zu holen.

Zum Glück für das Kind ist die Verstopfung
danach auch wirklich vorbei.
Vielleicht durch den Schreck.

Vielleicht durch den Gestank.
Und vielleicht auch
durch die Milch mit der Kleie.

Das gestohlene Schwein

Till wohnt schon lange ganz ruhig in einem Dorf.
Er erledigt hier und da mal
kleinere Arbeiten für die Bauern.
Er ist zufrieden.
Scherze machen und Leute betrügen,
das macht er nicht mehr.
„Dafür bin ich zu alt“, sagt er zu sich selbst.

Eines Tages unterhält er sich
mit seinem Nachbarn.

„Ich habe ein Schwein geschlachtet“,
erzählt der Nachbar.
„Und weißt du, was daran so schade ist?
Die Leute hier haben mir immer ein Stück
von ihrem Schwein gegeben.
Und jetzt muss ich eigentlich auch all den Leuten
ein Stück von meinem Schwein geben.
Aber dann bin ich ja das halbe Schwein los.
Weißt du nicht einen Rat?“

„Och, das ist ganz einfach“, sagt Till.
„Du lässt das geschlachtete Schwein
bis Mitternacht draußen hängen.
Und wenn alle schlafen, dann stehst du auf.
Du holst dein Schwein heimlich rein.

Am nächsten Morgen erzählst du allen,
dass es gestohlen wurde.“

„Das ist eine gute Idee“, sagt der Nachbar.
Und er tut, was Till ihm geraten hat.
Er hängt das Schwein gut sichtbar im Hof auf.

Er bleibt wach bis um Mitternacht.
Doch als er das Schwein reinholen will,
ist es verschwunden.
Bevor er es reinholen konnte,
hat Till das schon erledigt!
Der Nachbar sucht überall,
aber er kann sein Schwein nirgendwo finden.

Am nächsten Morgen klopft er
schon früh bei Till an die Tür.
„Ach, Till, mein Schwein wurde gestohlen“,
ruft er ganz verzweifelt.

„Ja, genau. So ist es gut“,
sagt Till von seinem Bett aus.
„So musst du es überall erzählen.“

„Aber, Till“, ruft der Nachbar.
Ihm laufen die Tränen über die Wangen.
„Es ist wirklich weg!“

„Gut so“, sagt Till wieder.
„Du spielst deine Rolle wirklich gut!“

Statt einem halben Schwein hat der Nachbar
jetzt ein ganzes Schwein verloren!

Der Tod von Till Eulenspiegel

Till fühlt sich krank, sehr krank.
Die Nachbarn bringen ihn ins Krankenhaus
in der Stadt.
Dort wird bald klar, dass das Ende naht.
Till sagt, dass er sein Testament machen will.

Weil Till einen großen, schweren Koffer bei sich hat,
glauben alle, dass er reich ist.
Alle Ärzte und Schwestern sind darum
ganz besonders nett zu ihm.
Sie hoffen, dass sie etwas erben werden.
Als der Notar an seinem Bett steht, sagt Till,
dass er seinen Besitz in drei Teile verteilt.
Der erste Teil ist für Nele.
Der zweite Teil ist für die Verwaltung von der Stadt.
Und der dritte Teil ist für den Pastor.
Der Koffer mit dem Erbe soll bis zu seinem Tod
von den Brüdern aus dem Kloster aufbewahrt
werden.

Als Till in Ruhe gestorben ist,
wird er in einen schönen Sarg gelegt.
Doch das Begräbnis verläuft
ein bisschen merkwürdig.
Denn der Sarg rutscht weg,
als er in das Grab heruntergelassen wird.

Dadurch bleibt der Sarg aufrecht stehen.
Und weil Tills Leben auch so merkwürdig war,
lassen die Leute den Sarg so im Grab stehen.
Es wird ein Stein auf Tills Grab gelegt,
mit den Worten:

Mein Herr! Meine Dame!
Vergiss dieses Grab nicht.
Eulenspiegel ruht darin.
Obwohl er noch aufrecht steht.

Danach wird der schwere Koffer geöffnet.
Doch leider sind darin nur Steine und Geröll.
Erst sind alle Erben enttäuscht,
doch dann müssen sie lachen.
Sie sind sich einig:
„Dieser Tod passt zu seinem Leben!“

Wörter-Liste

Seite 7: Scherzbold
Mensch, der gerne Scherze macht

Seite 7: plattdeutsch
Unterart der deutschen Sprache, die vor allem früher und im Norden gesprochen wurde

Seite 8: Narr
Spaßmacher. Früher jemand, der von Adeligen dafür bezahlt wurde, witzige Dinge zu machen. Heute auch ein anderes Wort für dumme Menschen.

Seite 9: Kübel
Eimer

Seite 9: Hebamme
Frau, die bei der Geburt eines Kindes hilft

Seite 9: Glückspilz
Mensch, der immer viel Glück hat

Seite 9: Hexe
Zur Zeit, als die Geschichten spielen, glaubten die Menschen an Hexen, also Frauen, die zaubern können. Die Menschen baten die „Hexen“ oft um Rat, fürchteten sich aber auch vor ihnen.

Seite 12: Hier liegt der Hund begraben
Redensart. Wenn irgendwo der Hund begraben liegt, ist dort nichts los. Es passiert dort wenig oder es leben nur wenige Menschen dort.

Seite 14: Jemandem die Suppe versalzen
Redensart. Wenn man jemandem die Suppe versalzt, dann verdirbt man ihm etwas.
Man nimmt ihm die Freude an etwas oder macht seine Pläne kaputt.

Seite 23: Seiltanzen
Kunst, bei der ein Seil in der Luft gespannt wird und ein Mensch darüber läuft. Manchmal macht der Mensch dann noch Kunststücke auf dem Seil.

Seite 34: Herbergsvater
Besitzer oder Chef von einer Herberge

Seite 36: Unterpfand
Das ist ein altes Wort für Pfand. Man gibt etwas in Pfand, als Versprechen dafür, dass man etwas anderes zurückbringt.

Seite 42: Adelige
Adelige waren früher reiche Menschen, die besser lebten als „normale“ Leute. Sie gehörten zu bestimmten Familien, dem Adel.

Seite 44: Meerkatzen
Affen-Art

Seite 47: Vorschuss
Wenn ein Teil vom vereinbarten Lohn schon bezahlt wird, bevor die Arbeit fertig ist, nennt man das Vorschuss.

Seite 50: Harnisch
Schutz-Kleidung, die Ritter früher trugen, eine Art Rüstung

Seite 55: häuten
Wenn man ein Tier getötet hat, muss man es häuten, bevor man es zubereitet und isst. Man nennt das auch: das Fell abziehen.

Seite 55: die Katze im Sack kaufen
Redensart. Wenn man die Katze im Sack kauft, kauft man etwas, ohne es vorher genau gesehen zu haben. Manchmal ist das eine böse Überraschung.

Seite 61: Kleie
Wenn Getreide zu Mehl gemahlen wird, bleiben Reste übrig. Diese Reste nennt man Kleie.

Seite 61: Sauerampfer
Heilpflanze

Seite 66: Notar
Person, die aufschreibt, wenn etwas Wichtiges rechtlich geregelt wird. Der Notar kann dann genau sagen, was vereinbart wurde.